WIELAND GIEBEL

HITLERS TERROR IN BERLIN

DIE BRAUNE GEWALT IN BILDERN
NAZI VIOLENCE IN PICTURES | LA VIOLENCE NAZIE EN IMAGES | LA VIOLENZA NAZISTA IN IMMAGINI | IMÁGENES DE LA VIOLENCIA DEL RÉGIMEN NAZI

Bildnachweis: Archiv Autor: S. 3, 4, 5, 7, 9, 13, 16, 18 (3), 38, 52 (3), 53, 56o., 61; Archiv des Verlags: Backcover ol., S. 10 (4), 11ul., 11ur., 12u., 59; bpk: S. 1, 17, 23o., 54 (3), 55m.; Berliner Festspiele GmbH (Hg.): Topographie des Terrors, Berlin 1987, S. 140 (mit freundlicher Genehmigung des Verlags Willmuth Arenhövel, Berlin): 28u. (Gerhard Schoenberner); Bundesarchiv: - Bild 183-W0319-508, o.Ang. S. 11ol., - Bild 183-H26170, o.Ang. S. 12o., - Bild 137-048390, Hoffmann S. 14/15, - Bild 146-1982-014-35A, o.Ang. S. 19, - Bild 183-R70485, o.Ang. S. 22/23, - Bild 102-03392A, Georg Pahl S. 24/25, - Bild 102-14468, Georg Pahl Backcover mr., S. 26o., - Bild 102-14471, Georg Pahl S. 27, - Bild 183-R97480, o.Ang. S. 29o., - Bild 183-2004-1001-501 o.Ang. S. 39, - Bild 183-J05235, Ernst Schwahn Backcover ul., S. 40/41, - Bild 146III-373, o.Ang. S. 47, - Bild 183-J06142, o.Ang. S. 49o., - Bild 119-5592-15A, o.Ang. S. 51; ddp images/AP: S. 28o.; Interfoto: S. 58; Library of Congress: Backcover mr., S. 30/31, 36/37; National Archives: Backcover om., Backcover ur., S. 20/21, 32/33, 49u., 55ul., 57u., 60 (3); Photonet.de: Backcover m., Frontcover u., S. 6, 8 (2), 11or., 18ur., 34/35, 42/43, 44/45, 46u., 48 (2), 50ur.; Ullsteinbild: Frontcover o.; Wikimedia commons: Bundesarchiv/CC-BY-SA: - Bild 102-14598 S. 20o., - Bild 183-B0527-0001-776 S. 20u., - Bild 183-18450-0002 S. 23u., - Bild 102-02920A Backcover or., S. 24u., - Bild 183-R70355 S. 26u., - Bild 102-02941A S. 29ul., - Bild 183-B04490A S. 29ur., - Bild 146-1971-016-31 S. 46o., - Bild 183-J02938 S. 50ol., - Bild 146-1975-069-35 S. 50ol., - Bild 183-2000-0110-500 S. 50ul., - Bild 146-1984-079-02 S. 55ol., - Bild 146-1972-025-10 S. 55or., - Bild 183-J31345 Backcover um., S. 55ur., - Bild 146-1971-033-15 S. 56u., - Bild 183-J31305 S. 57o..

IMPRESSUM

Giebel, Wieland:
Hitlers Terror in Berlin – Die braune Gewalt in Bildern
1. Auflage der Neuausgabe – Berlin: Berlin Story Verlag 2017
ISBN 978-3-95723-120-8

© Berlin Story Verlag GmbH
Leuschnerdamm 7, 10999 Berlin
Tel.: (030) 20 91 17 80
Fax: (030) 69 20 40 059
www.BerlinStory-Verlag.de
E-Mail: Service@BerlinStory-Verlag.de
UStID: DE291153827
AG Berlin (Charlottenburg) HRB 152956 B
Umschlag und Satz: Norman Bösch
Translation: Simon Hodgson
Traduction : Martine Friedmann
Traduzione: Gianluca Falanga
Traducción: Diana Carrizosa

Printed by **LASERLINE**

WWW.BERLINSTORY-VERLAG.DE

3

ADOLF HITLER

H 7065

Führer-Kult – Fast alle Diktaturen überhöhen den Herrscher. Hier Hitler auf einer Postkarte des Malers Hans Toepper für Getreue, Verehrer und Schwärmer.

Führer cult – almost all dictatorships idolise their rulers. Here is a postcard from the painter Hans Toepper for followers, admirers and enthusiasts.

Le culte du Führer – Presque toutes les dictatures surélèvent leur chef. Voici une carte postale du portrait d'Hitler exécuté par le peintre Hans Toepper pour les partisans, admirateurs et adorateurs.

Il culto del Führer – In quasi tutte le dittature si adora il tiranno. Ritratto di Hitler del pittore Hans Toepper su una cartolina per fedelissimi e ammiratori.

Culto al Führer – Las dictaduras suelen idolatrar a su líder. Una postal para seguidores, adeptos y entusiastas: retrato de Hitler del pintor Hans Toepper.

Charisma – Hitler weiß um die große Bedeutung seiner Ausstrahlung auf die Untertanen. Das ist nicht anders als bei Stalin, Mussolini, bei Franco, Mao und später Castro.

Charisma – Hitler is aware of the significance his charisma has upon the people. The same is true with Stalin, Mussolini, Franco, Mao and later Castro.

Le charisme – Hitler sait le grand rôle que joue son rayonnement sur ses sujets. Il n'en est pas autrement pour Staline, Mussolini, Franco, Mao et plus tard pour Castro.

Carisma – Hitler ne è consapevole, del resto proprio come Stalin, Mussolini, Franco, Mao Tse Tung e più tardi Fidel Castro.

Carisma – Hitler es consciente de la gran influencia de su imagen sobre sus súbditos. Lo mismo sucede con Stalin, Mussolini, Franco, Mao y, más tarde, Castro.

1932 – Hitler zeigt sich als Feldherr, Monate vor der „Machtergreifung". In diesem Jahr führt er vier große Wahlkämpfe. Die NSDAP wird stärkste Partei im Reichstag.

1932 – Hitler presents himself as field commander, months before the seizure of power. He leads 4 campaigns that year. The NSDAP becomes the largest party in the Reichstag.

1932 – Hitler se présente comme général, des mois avant la « prise de pouvoir ». Cette année-là, il mène quatre grandes campagnes électorales. La NSDAP devient le parti le plus fort du Reichstag.

1932 – Hitler in posa da comandante, alcuni mesi prima dell'ascesa al potere. Nel 1932 conduce quattro campagne elettorali, il Partito nazista diventa il primo partito al parlamento.

1932 – Hitler se muestra como general en jefe antes de la «toma del poder». Es el año de sus cuatro grandes campañas electorales. El NSDAP predomina en el Parlamento.

deutsche Illustrierte

Berliner Ausgabe Nr. 4

Wenn Du Deine „Deutsche Illustrierte" gelesen hast, schicke sie an Soldaten, die Du kennst. Die Front dankt es Dir.

BERLIN 26. JAN. 1943 · 19. JAHRG. NR. 4 · 10 PF.
zuzügl. ortsüblicher Zustell-Gebühr

Ein Volk, ein Reich, ein Führer!

Zum 10. Jahrestage der Machtübernahme am 30. Januar 1943

Photo: Heinrich Hoffmann

1943 – Inszeniert in gleicher Pose und fast gleicher Uniform. Hitler ist seit zehn Jahren Reichskanzler. Die Schlacht um Stalingrad ist verloren, Hamburg versinkt im Bombenhagel.

1943 – Staged in the same pose and almost identical uniform. Hitler has been Reich Chancellor for ten years. Stalingrad is lost, Hamburg is being heavily bombed.

1943 – Mise en scène dans une pose semblable et presque dans le même uniforme. Hitler est chancelier du Reich depuis 10 ans. La bataille de Stalingrad est perdue, Hambourg sombre sous une pluie de bombes.

1943 – Stessa posa, quasi la stessa uniforme. Hitler è cancelliere da dieci anni. La battaglia di Stalingrado è perduta, Amburgo devastata da una pioggia di bombe.

1943 – La misma pose, el mismo uniforme. Hitler lleva diez años como canciller del Reich. Derrota de la batalla de Stalingrado, diluvio de bombas sobre Hamburgo.

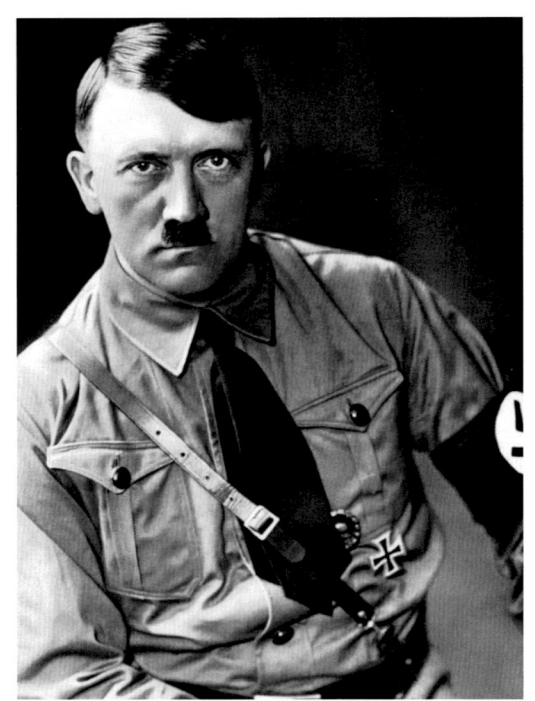

Posen – Fotos aus den Jahren 1930 bis 1936. Hitler nimmt Schauspielunterricht beim Sänger Paul Devrient, für 1000 Mark pro Monat. Stimmbildung und große Operngesten inklusive.

Poses – photographs from 1930-1936. Hitler takes acting lessons from the singer Paul Devrient for 1000 Marks a month. Voice training and operatic technique are included.

Les poses – Photos des années 1930 à 1936. Hitler prend des leçons de théâtre chez le chanteur Paul Devrient, pour 1000 Mark par mois. Technique vocale, y compris gestuelle d'opéra.

Pose – immagini degli anni 1930-1936. Hitler prende lezioni di recitazione dal tenore Paul Devrient per 1000 marchi al mese. Inclusi esercizi vocali e grandi gesti d'opera.

Poses – Fotos de 1930 a 1936. Hitler toma clases de actuación con el cantante Paul Devrient, 1000 Marcos mensuales. Incluyen formación vocal y gestualidad operática.

Heiland – Hitler inszeniert sich als Retter und Erlöser. Hier weiht er Standarten der SA. Ihm ist die religiöse Geste bewusst, er nutzt sie zur Glorifizierung seiner selbst.

Saviour – Hitler presents himself as saviour and redeemer. Here he inaugurates SA flags. He knows the significance of the religious gesture and uses it for self-glorification.

Le Sauveur – Hitler se met en scène en se présentant comme sauveur et rédempteur. Il bénit ici les étendards des SA. Il est conscient du geste religieux et l'utilise pour se glorifier lui-même.

Il salvatore – Hitler si presenta come redentore. Qui mentre consacra stendardi delle SA, consapevole del gesto religioso, che sa sfruttare per glorificare se stesso.

Redentor – Hitler actúa como salvador. Consagra estandartes de la SA con gesto religioso, que adopta conscientemente para glorificarse a sí mismo.

Horst Wessel – Mit brutalen SA-Schlägern verbreitet er Terror. 1930 wird er von einem KPD-Mann erschossen; Goebbels macht ihn zum Märtyrer. Angriff auf den Trauerzug.

Horst Wessel – he spreads terror with brutal SA attacks. Shot in 1930 by a Communist: Goebbels makes a martyr out of him. Attack on the funeral procession by Communists.

Horst Wessel – Il se sert des brutes de la SA pour semer la terreur. Il est abattu en 1930 par un membre du KPD; Goebbels en fait un martyr. Attaque du cortège funèbre.

Horst Wessel – Uno dei brutali picchiatori delle SA. È assassinato nel 1930 da un comunista. Goebbels ne fa un martire. Aggressione al corteo funebre.

Horst Wessel – Aterroriza con los matones de la SA. Asesinado en 1930 por un miembro del partido comunista, Goebbels lo eleva a mártir. Ataque al cortejo fúnebre.

Sturmlokale – In Kneipen treffen sich SA- und SS-Leute, trinkfest und gewaltbereit. Berlins Polizei muss Straßenschlachten zwischen Nazis und KPD-Anhängern unterbinden.

Sturmlokale – SA and SS members meet together in pubs, drinking and ready for violence. Berlin's police have to stop fighting in the streets between Nazis and Communists.

Les Tavernes nazies – Les SA et les SS se rencontrent dans des cafés où ils savent boire et sont prêts à la violence. La police de Berlin doit empêcher les batailles de rue entre les nazis et les partisans du KPD.

Sturmlokale – SA e SS si incontrano in birrerie, ubriachi si caricano per la violenza. La polizia di Berlino deve intervenire negli scontri in strada fra nazisti e comunisti.

Sturmlokale – Bares para miembros de la SA y la SS. Beben, listos para atacar. La policía de Berlín tiene que disolver peleas callejeras entre nazis y comunistas.

Provokation – Die Nazis marschieren immer wieder vor der Zentrale der KPD am Bülowplatz auf (unten). Die Polizei versucht, beide Seiten möglichst auseinanderzuhalten.

Provocation – the Nazis constantly march in front of the Communist headquarters on Bülowplatz (below). Police try to keep them apart.

La provocation – Les nazis défilent sans cesse devant la Centrale du KPD sur la Bülowplatz (photo du bas). La police tente de tenir les deux camps à distance.

Provocazione – I nazisti sfilano davanti alla centrale del Partito comunista a Bülowplatz (in basso). La polizia ha un gran da fare per tenere separati i contendenti.

Provocación – Los nazis marchan una y otra vez ante la central del partido comunista (Bülowplatz; abajo). La policía intenta mantener separadas las dos partes.

Männerbund – „Der Sieg des Glaubens" heißt dieser Holzschnitt. Uniformen, Rituale, Regeln und strenge Hierarchie halten die martialische Kampfgemeinschaft zusammen.

Male groups – This wood carving is called "The victory of faith". Uniforms, rituals, rules and a strict hierarchy hold the fighting group together.

La Troupe d'hommes – Cette gravure sur bois s'appelle « La victoire de la foi ». Les uniformes, les rituels, les règles et une hiérarchie sévère soudent la communauté de combat.

Cameradismo – "La vittoria della Fede" recita questa silografia. Uniformi, rituale e rigide gerarchie cementano un cameratesco spirito di battaglia.

Alianza de hombres – Xilografía «Triunfo de la fe». Uniformes, rituales, reglas, jerarquías rígidas: medios que mantienen unida la tropa.

Machtübernahme – Die Nationalsozialisten bezeichnen den 30. Januar 1933 so, als Reichspräsident Paul von Hindenburg Adolf Hitler zum Reichskanzler ernennt.

Coming into power – how the Nazis view the 30th January 1933 when Reich President Paul von Hindenburg names Adolf Hitler as Reich Chancellor.

L'accession au pouvoir – C'est ainsi que les nazis caractérisent le 30 janvier 1933 lorsque Paul von Hindenburg, Président du Reich, nomme Adolf Hitler chancelier.

La "presa del potere" – Così chiamano i nazisti il fatidico 30 gennaio 1933, quando il presidente del Reich Paul von Hindenburg nomina Adolf Hitler cancelliere.

Subida al poder – Así llaman los nacionalsocialistas el 30 de enero de 1933, día en que el presidente del Reich, Paul von Hindenburg, nombró canciller a Adolf Hitler.

Dieses Foto ist wohl im Juni 1933 für einen Film nachgestellt worden. Vom Fackelzug am 30. Januar selbst gibt es nur schlechte Aufnahmen. Dennoch gehen sie um die Welt.

This photograph was probably staged in 1933 for a film. There are few pictures from the actual procession. Nevertheless, they still appear around the world.

Cette photo fait bien l'objet d'une reconstitution pour un film tourné en juin 1933. Il n'existe que de mauvaises prises de vues de la retraite au flambeau du 30 janvier. Cependant, elles font le tour du monde.

Questa foto è stata scattata per un film nel giugno 1933. Della fiaccolata del 30 gennaio esistono solo immagini di cattiva qualità. Eppure la foto è passata alla storia.

Foto retocada probablemente en junio de 1933 para una película. Solo hay fotos de mala calidad de la procesión de antorchas del 30 de enero, pero circulan por todo el mundo.

Reichstagsbrand – Die Nazis bezichtigen noch in der Nacht des 27. Februar 1933 Kommunisten als Brandstifter. Jegliche Opposition wird nun rücksichtslos ausgeschaltet.

Reichstag Fire – on the evening of 27th February 1933 Nazis accused Communists of starting the fire. Any form of opposition was ruthlessly put down.

L'incendie du Reichstag – Les nazis accusent les communistes d'incendiaires dès la nuit du 27 février 1933. Toute opposition sera alors éliminée sans égard.

L'incendio del Reichstag – i nazisti scaricano la colpa la notte stessa del 27 febbraio 1933 sui comunisti. Ogni opposizione viene ora repressa senza alcuno scrupolo.

Incendio del Reichstag – La misma noche del 27 de febrero de 1933, los nazis acusan a los comunistas. Se empieza a eliminar sin más toda forma de oposición.

Misshandlungen – Der Brutalität der SA wird nach der „Machtergreifung" kein Einhalt mehr geboten. Hitler-Gegner sind gnadenlos dem Hass und Terror der Nazis ausgesetzt.

Mistreatment – the brutality of the SA knows no boundaries. After the seizure of power any opposer of Hitler became victim to the merciless hate of the Nazis.

Les mauvais traitements – La brutalité des SA ne sera plus contenue après la « prise du pouvoir ». Les adversaires d'Hitler sont exposés sans pitié à la haine et la terreur des nazis.

Violenza – dopo la "presa del potere" la brutalità delle SA non conosce più freni. Gli avversari di Hitler sono consegnati all'odio e al terrore senza legge dei nazisti.

Abusos – Tras subir al poder, la brutalidad de la SA no conoce límites. Los opositores de Hitler quedan en manos del odio y el terror nazi.

Kinderfreund – Zur gleichen Zeit inszeniert sich Hitler als friedfertiger Heilsbringer und gewinnt beim Volk Popularität auf breiter Front. So integriert er Schwankende.

Friend of children – at the same time Hitler presents himself as peaceable bringer of salvation and wins over the masses. This way he wins over the undecided.

L'ami des enfants – À la même époque, Hitler joue le rôle d'un messie pacifique et gagne largement en popularité au sein du peuple. Ainsi intègre-t-il les hésitants.

Amico dei bambini – al contempo Hitler si presenta nel ruolo di un pacifico Messia, convincendo anche gli indecisi e conquistando presso il popolo una popolarità senza precedenti.

Amigo de los niños – Al mismo tiempo, Hitler actúa como un salvador pacífico, ganando popularidad en todas las clases sociales. Así logra integrar a los que dudan.

KZs – Unmittelbar nach der „Machtergreifung" richtet die SA Folterkeller ein und bald auch Konzentrationslager (nicht Vernichtungslager), wie hier in Oranienburg bei Berlin.

Concentration camps – immediately after seizure of power the SA set up torture chambers and eventually concentration camps (not extermination camps), such as here in Oranienburg.

Les camps de concentration – Dès la « prise de pouvoir », les SA aménagent des caves de torture et construisent bientôt des camps de concentration (pas d'extermination), comme ici à Oranienbourg.

Campi di concentramento – Subito dopo la "presa del potere" le SA organizzano centri di tortura e campi di concentramento, come questo a Oranienburg, a nord di Berlino.

Campos de concentración – Tras subir al poder, la SA no tarda en crear sótanos de tortura y campos de concentración (no de exterminio), como el de Oranienburg, cerca de Berlín.

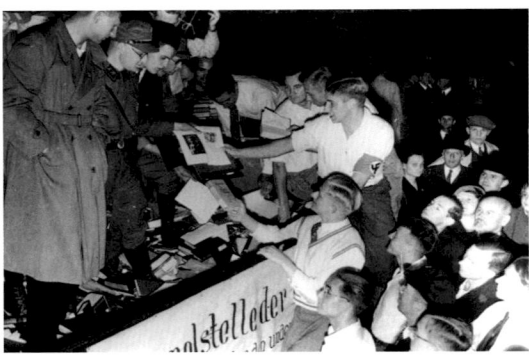

Scheiterhaufen – Wohin der Weg führt, zeigt sich am 10. Mai 1933: Studenten sammeln „undeutsche Schriften und Bücher" und verbrennen sie auf dem Opernplatz.

Burning ashes – a hint of the things to come. 10th May 1933: students collect "un-German texts and books" and burn them on Opernplatz.

Les autodafés – Le 10 mai 1933 montre où cela mène: des étudiants rassemblent des « écrits et livres à l'esprit non allemand » et les brûlent sur la place de l'Opéra.

Il rogo dei libri – dove conduce la strada, lo preannuncia il 10 maggio 1933, quando studenti di Berlino danno fuoco a libri contrari allo "spirito tedesco" sulla piazza davanti all'Università.

Hogueras – El 10 de mayo de 1933 se revela la nueva dirección: los estudiantes recogen «escritos y libros de espíritu no alemán» para quemarlos en la plaza Opernplatz.

„Dort wo man Bücher verbrennt, verbrennt man am Ende auch Menschen", schrieb einst der Dichter Heinrich Heine. Hitlers Deutschland bestätigte ihn.

"Where they burn books they ultimately burn people", wrote the poet Heinrich Heine. Hitler's Germany confirmed this.

Le poète Heinrich Heine écrivit jadis « Là où l'on brûle des livres, on finit par brûler aussi des hommes ».
L' Allemagne d'Hitler confirma ses paroles.

"Là dove si bruciano i libri si finisce per bruciare anche gli uomini", scrisse il poeta Heinrich Heine. La Germania di Hitler gli ha dato tristemente ragione.

«Allí donde se queman libros, se acaba por quemar también a seres humanos», escribió el poeta Heinrich Heine. La Alemania de Hitler confirmó sus palabras.

Besetzt – Die Arbeiterbank wird am 2. Mai 1933 von der SA gestürmt. Am Morgen nach dem ersten freien „Tag der Arbeit" zerschlägt die NSDAP die unabhängigen Gewerkschaften.

Occupied – the *Arbeiterbank* is raided on May 2nd by the SA. The day after the first free "Workers Day" the Nazis break up the trade unions.

Occupée – La « banque des travailleurs » est prise d'assaut le 2 mai 1933 par les SA. Le lendemain matin du premier jour férié du « Jour du travail », la NSDAP brise les syndicats indépendants.

Occupazione – La Banca dei lavoratori è assaltata dalle SA il 2 maggio 1933. All'indomani della prima "festa dei lavoratori" dell'era nazista Hitler fa sciogliere i sindacati indipendenti.

Ocupación – 2 de mayo de 1933: la SA toma el Banco de los Trabajadores. Un día después del primer «Día del Trabajo» libre, el NSDAP disuelve los sindicatos independientes.

Gewerkschaftshäuser wie hier am Engeldamm werden enteignet, Funktionäre wie Bernhard Kuhnt öffentlich gedemütigt. Widerstand gegen die Angriffe bleibt völlig aus.

Trade union offices such as here on Engeldamm, were expropriated, officials like Bernhard Kuhnt publicly humiliated. Resistance to any attacks was out of the question.

Les Maisons des syndicats sont liquidées, comme ici au Engeldamm. Les fonctionnaires, tel Bernhard Kuhnt, sont humiliés publiquement. Toute résistance contre les agressions se fait attendre en vain.

Le sedi dei sindacati, come questa a Engeldamm, vengono espropriate, funzionari come Bernhard Kuhnt dileggiati pubblicamente. Non si registra alcuna resistenza alle aggressioni.

Se expropian sedes sindicales, como la de la calle Engeldamm. Se humilla públicamente a funcionarios, como a Bernhard Kuhnt. No se opone ningún tipo de resistencia.

Hilfspolizei – Bereits am 22. Februar 1933 erhebt Hermann Göring SA-Leute zu „Hütern" der Ordnung. Damit ist der Willkür der Nazis Tür und Tor geöffnet.

Auxiliary police – by 22nd February 1933 Hermann Göring was promoting SA members to "guardians" of the order. The arbitary rule of the Nazis was well under way.

La police auxiliaire – Dès le 22 février 1933, Hermann Göring élève les membres de la SA au rang de « gardiens » de l'ordre. Ainsi, la porte est toute grande ouverte à l'arbitraire des nazis.

La polizia ausiliare – il 22 febbraio 1933 Hermann Göring trasforma le SA in "guardiani" della legalità. È il via libera all'arbitrio nazista, che prende ora il sopravvento.

Policía auxiliar – Ya el 22 de febrero de 1933, Hermann Göring eleva a miembros de la SA a «guardianes» del orden, favoreciendo así la arbitrariedad de los nazis.

Dank ihrer neuen Funktion verhaften SA-Leute am 6. März 1933, einen Tag nach der Reichstagswahl, viele Kommunisten. Sie werden gequält, viele ermordet.

Thanks to their new powers SA members arrest numerous communists on 6th May 1933, one day after the Reichstag election. They are tortured, and many murdered.

Grâce à leur nouvelle fonction, les SA arrêtent de nombreux communistes le 6 mars 1933, un jour après les élections du Reichstag. Ils seront martyrisés, nombre d'entre eux assassinés.

In virtù della loro nuova funzione le SA compiono il 6 marzo 1933, il giorno successivo alle elezioni, una retata di comunisti. Saranno torturati e molti uccisi.

Con su nueva función, la SA detiene a numerosos comunistas el 6 de marzo de 1933, un día después de las elecciones parlamentarias. Son torturados. Muchos son asesinados.

Boykott – Ab dem 1. April 1933 sollen jüdische Geschäfte nicht mehr betreten werden. SA-Leute kleben Plakate: „Deutsche, kauft nicht bei Juden!"

Boycott – from 1st April 1933 Jewish shops should not be entered. SA members put up posters: "Germans, do not buy from Jews".

Le boycott – À partir du 1er avril 1933, on décourage les clients d'entrer dans un magasin juif. Les SA collent des affiches proclamant: « Allemands, n'achetez pas chez les juifs ! »

Il boicottaggio – dal 1 aprile 1933 la soglia dei negozi ebrei non deve più essere varcata. Sui cartelli delle SA: "Tedeschi, non comprate dagli ebrei!"

Boicot – A partir del 1 de abril de 1933 no se puede entrar en los negocios judíos. La SA pega carteles: «¡Alemanes, no compréis donde los judíos!».

Germans buy only at German shops – Die Propaganda wendet sich direkt ans Ausland, wo angeblich Juden Greuelpropaganda gegen Deutschland betreiben.

Germans buy only at German shops – the propaganda is targeted abroad, where Jews are blamed for horror propaganda against Germany.

Germans buy only at German shops – La propagande s'adresse directement à l'étranger où les juifs exerceraient une propagande d'atrocités contre l'Allemagne.

Germans buy only at German shops – La propaganda si rivolge direttamente all'estero, dove gli ebrei sarebbero autori di campagne per discreditare la Germania.

Germans buy only at German shops – La propaganda se dirige directamente al extranjero, donde los judíos presuntamente hacen propaganda para difamar a los alemanes.

Einschüchterung – Jüdische Firmen und Kaufhäuser werden bedroht. Die Aktion wird aber nach einem Tag abgebrochen, weil die Bevölkerung nicht mitmacht.

Intimidation – Jewish companies are threatened. The campaign is stopped after a day when the people do not take part.

L'intimidation – Les entreprises et grands magasins juifs sont menacés. Cependant, l'action est interrompue un jour plus tard, faute de participation de la population.

Intimidazione – Picchetti davanti ad aziende e centri commerciali ebrei. L'azione viene però interrotta dopo un solo giorno perché la popolazione non collabora.

Intimidación – Se amenaza a las empresas y los grandes almacenes judíos. La acción coercitiva se suspende después de un día, pues la población no se une a ella.

Schikane –
Bei Razzien werden Juden nach Waffen durchsucht. Es beginnt ein perfider Wettbewerb um möglichst gemeine antisemitische Maßnahmen.

Harassment –
During raids Jews are searched for weapons. A cruel game of vicious anti-Semitic measures begins.

Les chicanes –
Lors de razzias, on fouille les juifs en cherchant des armes sur eux. C'est le début d'un concours perfide aux mesures les plus antisémites possibles.

Soprusi –
Appartamenti e locali di ebrei vengono perquisiti, si cercano armi. Parte una gara perversa a chi si inventa misure antiebraiche più cattive.

Acoso – En las redadas se registra a los judíos para ver si ocultan armas. Se inicia una vil contienda para inventar las medidas antisemitas más infames.

Fanatismus – So viele machen mit, so viele scheinen ihr Gehirn ausgeschaltet zu haben und an den „Heiland Hitler" zu glauben. Im Rückblick ist das fast nicht zu verstehen.

Fanaticism – so many take part, so many appear to have turned off their brains and to believe in "Hitler, the redeemer". With hindsight it is almost impossible to imagine.

Le fanatisme – Ils sont tant à participer au régime ; tant à avoir apparemment déconnecté leur esprit, tant à croire au « Sauveur Hitler ». Rétrospectivement, on a du mal à le comprendre.

Fanatismo – così tanti partecipano, così tanti sembrano aver smarrito la ragione, credendo al "salvatore" Hitler. Comprenderlo riesce oggi quasi incredibile.

Fanatismo – Demasiados se adhieren y parecen haber abandonado la razón para creer en el «salvador» Hitler. En retrospectiva resulta casi inimaginable.

Der „Deutsche Gruß" ist die übliche Begrüßung. Erst nur unter den Nazis, ab 1933 dann für alle „Volksgenossen". Nur wenige können sich dem entziehen.

The "German salute" becomes the normal greeting. First just amongst Nazis, then from 1933 the entire population. Only a few refuse.

Le « Salut allemand » est la salutation courante, d'abord pour les nazis entre eux, puis, à partir de 1933, pour tous les « camarades du peuple ». Rares sont ceux qui peuvent y échapper.

Il "saluto tedesco" diventa normale. Prima fra nazisti, poi dal 1933 per tutti quanti. Sono pochi quelli che riescono a sottrarsi.

El «saludo alemán» es el saludo acostumbrado. Al principio solo entre los nazis, después entre todos los «camaradas del pueblo». Solo pocos logran sustraerse a él.

Führerstaat – Der „Deutsche Gruß", wie hier im Parlament, wird zum ständigen Bekenntnis zu Adolf Hitler. Das festigt seine Stellung als absoluter Herrscher über Deutschland.

Führer state – The "German salute" shown here in parliament becomes the daily avowal to Hitler. It confirms his position as absolute ruler over Germany.

L'État du Führer – Le « Salut allemand », comme ici au parlement, devient le signe de la reconnaissance permanente d'Hitler. Cela renforce sa position de chef absolu de l'Allemagne.

Lo Stato del Führer – il "saluto tedesco", come qui in parlamento, è simbolo di permanente riconoscimento e fedeltà a Hitler, di fatto padrone assoluto della Germania.

Estado del Führer – El «saludo alemán», como el de los miembros del Parlamento, simboliza la adhesión a Hitler y refuerza su posición de gobernante absoluto de Alemania.

Unannehmlichkeiten oder Ärger kann bekommen, wer den Gruß verweigert. Ein Gesetz dazu gibt es aber nicht. Soldaten in Uniform dürfen auch militärisch grüßen.	Those who do not salute risk trouble despite there being no law. Soldiers in uniform may also use military salutes.	Celui qui refuse le salut peut s'attirer des désagréments ou des ennuis, mais il n'existe pas de loi à ce sujet. Les soldats en uniforme peuvent aussi saluer militairement.	Per chi non risponde al saluto ci possono essere serie conseguenze. Una legge però non c'è e i soldati possono anche fare il saluto militare.	Negarse a saludar así puede causar disgustos o problemas, aunque no haya una ley al respecto. Los soldados uniformados también pueden usar el saludo militar.

„Sieg Heil" – Wer die Verantwortung abgibt an den „Führer", setzt um, was befohlen wird, schaltet sich selbst gleich und fühlt sich für seine Taten nicht verantwortlich.

"Sieg Heil" – those who give up their responsibility to the Führer, implement orders, bring themselves into line and feel no responsibility for their actions.

« Sieg Heil » – Qui remet sa responsabilité au « Führer » concrétise les ordres, se met au pas et ne se sent pas responsable de ses actes.

"Sieg Heil" – ogni responsabilità è ceduta al "Führer", si eseguono gli ordini impartiti, senza pensare, così nessuno si sente colpevole di quanto accade.

«Sieg Heil» – Quien entrega su responsabilidad al «Führer» ejecuta lo que se le ordena, se obliga a seguir la ideología nazi y no se siente responsable de sus actos.

Der gereckte Arm als Massenritual erzeugt ein Gefühl von Gemeinschaft. Das trifft die Sehnsucht vieler Deutscher. Wer nicht mitmacht, steht am Rande der Gesellschaft.	The raised arm as a mass ritual creates a feeling of community. Many Germans crave this. Those who do not take part are marginalised.	Le bras tendu comme rituel de masse engendre un sentiment communautaire. Cela répond à la nostalgie de nombreux Allemands. Celui qui ne participe pas est marginalisé.	Il braccio teso, un rituale per le masse che produce un senso di appartenenza alla comunità. I tedeschi ne hanno nostalgia. Chi non partecipa, viene emarginato.	El ritual masivo de estirar el brazo crea un sentimiento de comunidad. Esto satisface el anhelo de muchos alemanes. Quien no participa, se margina de la sociedad.

1. Oktober 1938 – Hitler schreitet in der Saarlandstraße (heute Stresemannstraße) eine Ehrenkompanie ab, während das Sudetenland (Tschechoslowakei) besetzt wird.

1st October 1938 – Hitler takes part in a ceremonial guard of honour in Saarlandstraße (today Stresemannstraße) as the Sudetenland (Czechoslovakia) is occupied.

1er octobre 1938 – Hitler passe en revue une compagnie d'honneur dans la rue de la Sarre (aujourd'hui la rue Stresemann) alors que ses troupes envahissent les Sudètes (Tchécoslovaquie).

1 ottobre 1938 – Hitler passa in rassegna una compagnia in Saarlandstraße (oggi Stresemannstraße) durante l'occupazione dei Sudeti (Cecoslovacchia).

Octubre 1 de 1938 – Hitler pasa revista a una guardia de honor en la calle Saarlandstraße (hoy Stresemannstraße), mientras el país de los Sudetes (Checoslovaquia) está siendo ocupado.

Der Direktor des Hotels Excelsior (im Hintergrund) weigerte sich 1928, dem NSDAP-Chef ein Zimmer zu geben. Seit 1933 meiden Nazis sein Haus. Schließlich gibt er auf.

In 1928 the manager of the Excelsior Hotel (background) refuses the Nazi Party leader a room. Nazis shun his Hotel from 1933. Eventually he capitulates.

Le directeur de l'Hôtel Excelsior (à l'arrière plan) refusa en 1928 de donner une chambre au chef de la NSDAP. À partir de 1933, les nazis évitent son établissement. Finalement, il abandonne.

Il direttore dell'Hotel Excelsior (sullo sfondo) si rifiuta nel 1928 di dare una stanza al capo dei nazisti. Dal 1933 l'hotel viene boicottato e alla fine il direttore cede.

En 1928, el director del Hotel Excelsior (al fondo) se negó a hospedar al jefe del NSDAP. Los nazis dejan de hospedarse en su hotel desde 1933. Finalmente, el director desiste.

Berliner Ausgabe Nr. 36

deutsche Illustrierte

BERLIN 5. SEPT 1939
10 PF
15. JAHRG. NR 36

Der Führer bei seiner historischen Ansprache vor dem Deutschen Reichstag am 1. September.
Photo: Presse-Hoffmann

Krieg – In einer Reichstagssitzung am 1. September 1939 „begründet" Hitler den Angriff auf Polen. Er spricht in der umgebauten Kroll-Oper, weil der Reichstag abgebrannt war.

War – Hitler justifies an attack on Poland in a Reichstag meeting 1st September 1939. The Reichstag had been burned so he speaks from the converted Kroll Opera House.

La guerre – Lors d'une réunion du Reichstag, le 1er septembre 1939, Hitler « justifie » l'attaque de la Pologne. Il parle à l'Opéra Kroll aménagé à cet effet car le Reichstag avait brûlé.

Guerra – in una seduta del Reichstag il 1 settembre 1939 Hitler "spiega" l'attacco alla Polonia. L'assemblea è riunita all'Opera Kroll, convertita in parlamento dopo il rogo del Reichstag.

Guerra – Sesión parlamentaria del 1 de septiembre de 1939: Hitler «justifica» el ataque a Polonia en el edificio de la Kroll-Oper, sede del Parlamento tras el incendio del Reichstag.

Täuschung – Am 19. Juli 1940 appelliert Hitler an die „Vernunft" der Briten. Churchill hatte erklärt, den Krieg gegen die Tyrannei um jeden Preis zu gewinnen.

Delusion – 19th July 1940 Hitler appeals to Britain's rationality. Churchill had said he would win the war on tyranny, at any price.

La duperie – Le 19 juillet 1940, Hitler fait appel à la « raison » des Britanniques. Churchill avait déclaré gagner à tout prix la guerre contre la tyrannie.

Un inganno – Il 19 luglio 1940 Hitler rivolge agli inglesi un appello alla "ragione". Churchill aveva dichiarato di voler vincere a ogni costo la guerra contro la tirannia.

Engaño – El 19 de julio de 1940, Hitler apela a la «razón» de los británicos. Churchill había declarado su intención de ganar a toda costa la guerra contra la tiranía.

Totaler Krieg – Die berüchtigte Rede von Propagandaminister Joseph Goebbels am 18. Februar 1943 im Sportpalast findet vor einer ausgewählten Nazi-Gefolgschaft statt.

Total war – Propaganda minister Joseph Goebbels makes his notorious speech in the Berlin Sportpalast on 18th February 1943 in front of a selected group of Nazi supporters.

La guerre totale – Le discours tristement célèbre de Joseph Goebbels, ministre de la propagande, du 18 février 1943 au Palais des Sports a lieu devant des partisans nazis choisis avec soin.

Guerra totale – il celebre discorso del ministro della Propaganda Joseph Goebbels, tenuto il 18 febbraio 1943 allo Sportpalast davanti a un'assemblea scelta di fedelissimi.

Guerra Total – 18 de febrero de 1943, Palacio de los Deportes: el ministro de propaganda Joseph Goebbels da su famoso discurso ante un grupo selecto de adeptos nazis.

Der Sportpalast war einst gebaut für Radrennen und Boxkämpfe. Ab 1933 wird der Saal Hitlers liebste Bühne. Nach 1945 treten hier Pink Floyd, die Beach Boys oder Jimi Hendrix auf.

The Sportpalast was originally built for cycling and boxing matches. From 1933 the hall becomes Hitler's favourite stage. After 1945 Pink Floyd and the Beach Boys perform here.

Le Palais des Sports, construit autrefois pour les courses cyclistes et les matchs de boxe, devient à partir de 1933 la scène préférée d'Hitler. Après 1945, Pink Floyd ou les Beach Boys s'y produisent.

Lo Sportpalast era stato costruito per gare di ciclismo e incontri di box. Dal 1933 è il palcoscenico preferito di Hitler. Dopo il 1945 vi terranno concerti i Pink Floyd, i Beach Boys e Jimi Hendrix.

El Palacio de los Deportes, construido originalmente para el ciclismo y el boxeo. Escenario favorito de Hitler desde 1933. Después de 1945: Pink Floyd, los Beach Boys, Jimi Hendrix.

„Arische Models" – So stellt sich Hitler den Nachwuchs der NSDAP vor. Ehrgeizige junge Männer mit „arischem" Stammbaum können NS-Eliteschulen wie die Napolas besuchen.

"Aryan models" – this is how Hitler imagines the children of the Nazis. Ambitious young men with "Aryan" roots attend elite schools such as National Political Institutes of Education.

« Modèles aryens » – C'est ainsi qu'Hitler se représente la relève de la NSDAP. Les jeunes hommes ambitieux avec une descendance aryenne peuvent fréquenter les écoles d'élite, telles les Napolas.

"Modelli ariani" – così immagina Hitler le nuove leve del nazismo. Giovani ambiziosi di origini puramente "ariane" possono frequentare scuole di elite come le Napola.

«Modelos arios» – Así imagina Hitler la descendencia del NSDAP. Los jóvenes ambiciosos de linaje «ario» pueden asistir a escuelas de elite, como las Napola.

Nicht Bildung und eigenes Denken werden hier gelehrt, sondern bedingungsloser Gehorsam. 1941 gibt es auf den Napolas und Adolf-Hitler-Schulen etwa 6000 Schüler.

Unconditional obedience are on the curriculum, but not culture or free thinking. In 1941 around 6000 pupils attend the aforementioned Napolas and Adolf Hitler's schools.

L'éducation et la libre-pensée ne sont pas au programme d'éducation, mais l'obéissance inconditionnelle. En 1941, les Napolas et les écoles Adolf-Hitler comptent environ 6000 élèves.

Qui non si insegnano la cultura e il pensiero libero, ma solo obbedienza cieca. Nel 1941 sono circa 6000 gli allievi delle Napola e delle Adolf-Hitler-Schulen.

No se educa ni se enseña a pensar por sí mismo, sino a obedecer incondicionalmente. En 1941 hay unos 6000 alumnos en las Napola y Escuelas Adolf Hitler.

Unter den Linden ohne Linden – Das Café Kranzler direkt an der Ecke Friedrichstraße 1936 während der Olympischen Spiele. Statt Bäumen erheben sich Pylone.

Unter den Linden without the trees – Café Kranzler on the corner of Friedrichstraße during the 1936 Olympics. Nazi masts rise instead of trees.

L'avenue « Unter den Linden » sans les tilleuls – Le Café Kranzler directement à l'angle de la Friedrichstraße en 1936 pendant les Jeux Olympiques. Des pylônes s'élèvent au lieu des arbres.

Unter den Linden senza i tigli – il Café Kranzler all'angolo di Friedrichstraße durante i Giochi olimpici del 1936. Invece degli alberi si ergono imponenti colonne.

Unter den Linden, sin tilos – El Café Kranzler, en la esquina de Friedrichstraße, en las Olimpíadas de 1936. En la avenida se levantan columnas en vez de árboles.

Hitler sieht sich als „erster Architekt" des Landes. Repräsentative Machtarchitektur, monumentale Bauten, symmetrisch und martialisch dekoriert, sollen Berlin Größe verleihen.

Hitler sees himself as Germany's "first architect". Monumental architecture reflecting political power with martial symmetry and convey the greatness of Berlin.

Hitler se voit comme le premier architecte du pays. Une architecture symbolisant le pouvoir, des bâtiments monumentaux aux ornements symétriques et martiaux doivent conférer de la grandeur à Berlin.

Hitler si ritiene il primo architetto del paese. Architettura di rappresentanza del potere, costruzioni monumentali e decorazioni marziali devono conferire a Berlino grandezza.

Hitler se precia de ser el «primer arquitecto» del país. Edificios que representan el poder, monumentales, de decoración simétrica y marcial para que Berlín gane grandeza.

Größenwahn – Hitler bespricht mit Albert Speer (li.) und Franz Ruff Pläne für die „Große Halle". Der 320 Meter hohe Bau (hier im Vergleich) existiert nur als Modell.

Megalomania – Hitler discusses plans for the "Great Hall" with Albert Speer (left) and Franz Ruff. The 320 metre construction exists only as a model.

La mégalomanie – Hitler confère avec Albert Speer (à g.) et Franz Ruff sur les plans du « grand Hall ». Le bâtiment haut de 320 m (ici en comparaison) n'existe qu'en maquette.

Manie di grandezza – Hitler discute con Albert Speer (a sinistra) e Franz Ruff (a destra) i piani per la "Große Halle". La cupola di 320 metri d'altezza resterà solo un plastico.

Megalomanía – Hitler discute con Albert Speer (izq.) y Franz Ruff los planos de la «Gran Cúpula», de 320 m de altura. El edificio solo existe en forma de maqueta.

Germania – Im Juni 1942 träumt Hitler von Berlin als Welthauptstadt. Gleichzeitig sterben täglich Zehntausende in Gaskammern und auf den Schlachtfeldern seines Krieges.

Germania – In June 1942 Hitler dreams of Berlin as the world capital. At the same time thousands die in the gas chambers and battle fields of his war.

Germania – En juin 1942, Hitler rêve de Berlin, capitale du monde. Parallèlement, des dizaines de milliers de personnes meurent dans les chambres à gaz et sur les champs de bataille de sa guerre.

Nel giugno 1942 Hitler sogna di trasformare Berlino in "**Germania**". Nel frattempo muoiono ogni giorno a migliaia nelle camere a gas e e sui campi di battaglia della sua guerra.

Germania – Junio de 1942: Hitler sueña con la capital del mundo, Berlín. Al tiempo, miles de personas mueren cada día en las cámaras de gas y las batallas de su guerra.

Jugend –
Die Nazis interessieren sich für junge Menschen. HJ und BDM sollen schon Kinder prägen und in die deutsche „Volksgemeinschaft" eingliedern.

Youth –
Nazis have a special interest in young people. The Hitler Youth and the League of German Girls shape children and integrate them into the German nation.

La jeunesse – Les nazis s'intéressent aux jeunes. La Jeunesse Hitlérienne et la Ligue des jeunes filles allemandes ont pour but de façonner les enfants et de les intégrer dans la « communauté du peuple ».

La gioventù – ai nazisti interessano i giovani. Le organizzazioni giovanili del partito hanno il compito di formarli già da bambini e integrarli nella comunità nazionale.

Juventud – Los nazis se interesan por ella. Las Juventudes Hitlerianas y la Liga de Jóvenes Alemanas integran a niños a la «comunidad del pueblo».

Mutterkreuz – „Deutsch und würdig, erbgesund und anständig". Ab vier Kindern werden Frauen ausgezeichnet. Der kinderlose „Führer" feiert mit Schauspielern und Boxern.

Cross of Honour of the German Mother – "German and worthy, healthy and proper". Mothers with 4 children or more were honoured. The childless "Führer" fetes with actors and boxers.

La Croix d'honneur de la mère allemande – « Allemande et digne, saine et honnête ». Les femmes sont récompensées à compter de 4 enfants. Le « Führer » sans enfant fête avec des acteurs de théâtre.

Croci al merito per le madri – "tedesca, degna, sana e decorosa". Chi partorisce più di quattro figli viene insignita. Il Führer, che non ha figli, festeggia con attori e atleti.

Cruz de Honor a la Madre – «Alemana, digna, saludable por herencia, decente». Se honra a las mujeres con más de tres hijos. El Führer, que no tiene hijos, celebra con actores y boxeadores.

Anpassung – Der „Bund Deutscher Mädel" soll Standesunterschiede nivellieren. Ziel ist, junge Frauen zu begeisterten Mitgliedern der „Volksgemeinschaft" zu erziehen.

Fit – "The League of German Girls" should level class distinction. It aims to train young women to become members of the "national community".

Le conformisme – La « Ligue des jeunes filles allemandes » doit niveler les différences sociales. L'objectif est d'éduquer les jeunes femmes pour en faire des adeptes de la « communauté du peuple ».

Conformismo – L'organizzazione giovanile femminile deve compensare le differenze di classe. L'obiettivo è educare la donna a funzionare entusiasta per il regime.

Asimilación – «Liga de Jóvenes Alemanas»: nivelar las diferencias sociales educando a las jóvenes para que sean miembros entusiastas de la «comunidad del pueblo».

Arisches Ideal – Um die Gebärfreudigkeit zu steigern, gibt es ideelle und materielle Anreize. Steuerrabatte und Darlehen für die Ehe fließen, wenn Frauen am Herd bleiben.

Aryan ideal – to increase the desire to have children, there are material and moral incentives. Married couples get tax reductions and credits if the woman stays at home.

L'idéal aryen – Pour augmenter la prédisposition à féconder, il y a des stimulants moraux et matériels. Les abattements d'impôts et les prêts aux couples affluent si les femmes restent au foyer.

L'ideale ariano – per aumentare le nascite vengono disposti incentivi ideali e materiali. Sgravi fiscali e mutui vantaggiosi per le coppie sposate invitano la donna a restare a casa.

Ideal ario – Estímulos ideales y materiales fomentan el ánimo de tener hijos: los matrimonios reciben préstamos y ventajas fiscales si las mujeres se quedan en el hogar.

Frauenbild – Die Frau und Mutter gilt als „Keimzelle der Nation" und „Lebensquell des Volkes".
Hitler selbst heiratet erst am Tag vor seinem Selbstmord Eva Braun.

Perception of women – the woman and mother are seen as the "heart of the nation" and "life source of the people". Hitler himself only marries Eva Braun the day before his suicide.

L'image de la femme – La femme et la mère sont vues comme la « cellule de reproduction de la nation » et la « source de vie du peuple ». Hitler lui-même n'épouse Eva Braun qu'un jour avant son suicide.

La donna – Moglie, sposa e madre, è il "germe della nazione", "fonte di vita del popolo". Hitler si unirà in matrimonio a Eva Braun il giorno stesso del suo suicidio.

Imagen femenina – Mujer y madre: «germen de la nación», «fuente de vida del pueblo». Hitler mismo no se casó con Eva Braun hasta el día antes de suicidarse.

Berliner Ausgabe Nr. 49

deutsche Illustrierte

BERLIN, 5. DEZ. 1939
10 PF

In liebevoller Obhut.

Eindeutige Rollen – Frauen sollen Mütter sein und Krankenschwestern. Der Reichsmütterdienst organisiert Kurse zur Haushalts- und Gesundheitsführung für die „Erhalterinnen der Rasse".

Clear roles – women should be mothers and nurses. The regime organises courses in house keeping and health for the "preservation of the race".

Des rôles précis – Les femmes doivent être mères et infirmières. Le Service des mères du Reich organise des cours de tâches ménagères et sanitaires pour les « gardiennes de la race ».

Ruoli ben definiti – le donne devono essere madri e infermiere. L'organizzazione *Reichsmütterdienst* organizza corsi di economia domestica e primo soccorso per le "garanti della razza".

Roles definidos – Las mujeres deben ser madres y enfermeras. El *Reichsmütterdienst* da cursos sobre economía doméstica y cuidado de la salud para las «preservadoras de la raza».

Sanktion – In den letzten Monaten des Dritten Reiches gibt es öffentliche Hinrichtungen wie hier in Köln. Aus Berlin haben sich davon keine Fotos erhalten.

Sanctions – in the final months of the Third Reich there are official executions such as here in Cologne. No such photographs from Berlin have been obtained.

Les sanctions – Des exécutions publiques ont lieu dans les derniers mois du Troisième Reich, comme ici à Cologne. Il ne reste plus aucunes photos de ces actes commis à Berlin.

Sanzioni – negli ultimi mesi del Terzo Reich ci sono esecuzioni pubbliche, come qui a Colonia. Delle esecuzioni a Berlino non ci sono immagini.

Sanción – En los últimos meses del Tercer Reich se efectúan ejecuciones públicas, como la de la foto, en Colonia. No se conservan fotos de estas acciones en Berlín.

Wolfsschanze, links der Hitler-Attentäter Claus Schenk Graf von Stauffenberg

Wolfsschanze, left Hitler's would-be assassin Claus Schenk Graf von Stauffenberg

Le quartier général de la Wolfsschanze, à gauche Claus Schenk, Comte de Stauffenberg, auteur de l'attentat contre Hitler

Wolfsschanze, a sinistra l'attentatore di Hitler Claus Schenk Graf von Stauffenberg

Cuartel general Wolfsschanze, izq.: Claus Schenk Graf von Stauffenberg, autor del atentado contra Hitler

Terror – Nach dem gescheiterten Attentat vom 20. Juli 1944 erhöhen SS und Polizei den Druck auf die Deutschen enorm. Gleichzeitig nehmen die Luftangriffe zu.

Terror – After the failed assassination attempt on 20th July 1944 pressure on the Germans and the police is increased enormously. Air raids increase at the same time.

La terreur – Suite à l'attentat manqué du 20 juillet 1944, les SS et la police augmentent fortement la pression sur les Allemands, en même temps que les attaques aériennes se multiplient.

Terrore – dopo l'attentato fallito del 20 luglio 1944 le SS e la polizia danno una stretta al controllo della popolazione. Contemporaneamente si intensificano i bombardamenti.

Terror – Tras el fracaso del atentado del 20 de julio de 1944, la SS y la policía ejercen mayor presión sobre los alemanes. Los ataques aéreos aumentan al mismo tiempo.

Letztes Aufgebot – Kinder und alte Männer müssen ohne Ausbildung an die Waffen. In der „Schlacht um Berlin" ab Mitte April 1945 sterben 200.000 Menschen.

Final call-up order – children and elderly men are deployed in the army without training. 200.000 people die in the "Battle of Berlin" in mid-April 1945.

Derniers appels des troupes – Les jeunes et les hommes âgés doivent prendre les armes, sans les savoir manier. 200 000 personnes trouvent la mort dans la « Bataille de Berlin » à la mi-avril 1945.

L'ultima scelta – bambini e donne anziane vengono arruolate senza addestramento. Nella "battaglia di Berlino" muoiono a partire dalla metà di aprile del 1945 200.000 persone.

Última leva militar – Niños y ancianos tienen que tomar las armas sin instrucción. En la «Batalla por Berlín», desde mediados de abril de 1945, mueren 200 000 personas.

Kindersoldat – Joseph Goebbels schickt ein Kind in den Krieg, in den sicheren Tod. Als das Ende da ist, vergiftet er mit seiner Frau die sechs eigenen Kinder im Führerbunker.

Child soldiers – Joseph Goebbels sends a child to war, to certain death. When the end comes he and his wife poison their six children in the Führer bunker.

Les enfants soldats – Joseph Goebbels envoie un enfant à la guerre, à la mort certaine. Lorsque c'est la fin, il empoisonne avec sa femme leurs six enfants dans le bunker du Führer.

Bambini soldato – Joseph Goebbels manda al fronte anche i ragazzini. Alla fine si toglie la vita insieme alla moglie avvelenando i suoi sei figli nel Führerbunker sotto la Cancelleria.

Niño soldado – Joseph Goebbels envía a un niño a la guerra, a la muerte segura. De cara al final, envenena con su esposa a sus seis hijos en el *Führerbunker*.

Das letzte Foto – Hitler im April 1945 in den Trümmern der Reichskanzlei. Er erschießt sich am 30. April gegen 15.30 Uhr im Führerbunker und wird im Garten verbrannt.

The last photo – Hitler in April 1945 in the rubble of the Reich Chancellery. He shoots himself at 3:30pm on April 30th in his bunker and is burned in the garden.

La dernière photo – Hitler en avril 1945 dans les décombres de la chancellerie du Reich. Il se suicide par arme à feu le 30 avril vers 15h30 dans son bunker et sera brûlé dans le jardin.

L'ultima foto: Hitler nell'aprile 1945 fra le macerie della Cancelleria. Si spara un colpo alla tempia il 30 aprile verso le 15.30 nel suo bunker, il cadavere è bruciato subito in giardino.

La última foto – Abril de 1945: Hitler en las ruinas de la Cancillería del Reich. Se mata de un tiro en el *Führerbunker* el 30 de abril, 15:30 h. Su cuerpo es quemado en el jardín.

EXTRA — PARIS EDITION — **THE STARS AND STRIPES** — **EXTRA**

Daily Newspaper of U.S. Armed Forces in the European Theater of Operations

Vol. 1—No. 279 · 1 Fr. · 1 Fr. · Wednesday, May 2, 1945

German Radio Reports:

HITLER DEAD

The German radio announced last night that Adolf Hitler had died yesterday afternoon, and that Adm. Doenitz, former commander-in-chief of the German Navy, had succeeded him as ruler of the Reich.

Doenitz, speaking later over the German radio, Reuter said, declared that "Hitler has fallen at his command post."

"My first task," Doenitz said, "is to save the German people from destruction by Bolshevism. If only for this task, the struggle will continue."

The announcement preceding the proclamation by Doenitz said: "It is reported from the Fuehrer's headquarters that our Fuehrer, Adolf Hitler, has fallen this afternoon at his command post in the Reich Chancellery, fighting to the last breath against Bolshevism and for his country. On April 30, the Fuehrer appointed Grand Adm. Doenitz as his successor. The new Fuehrer will speak to the German people."

The talk by Doenitz then followed, Reuter said. Doenitz said: "German men and women, soldiers of the German Wehrmacht, our Fuehrer, Adolf Hitler, has fallen. German people are in deepest mourning and veneration."

"Adolf Hitler recognized beforehand the terrible danger of Bolshevism," Doenitz said, "and devoted his life to fighting it. At the end of this, his battle, and of his unwavering straight path of life, stands his death as a hero in the capital of the Reich."

"All his life meant service to the German people. His battle against the Bolshevik flood benefited not only Europe but the whole world. The Fuehrer has

(Continued on Page 8)

Churchill Hints Peace Is at Hand

Winston Churchill hinted to-day...

[article text continues]

Five Prepares Speech
...

(Continued on Page 8)

Nachwort – Hitler ist auf diesem Foto ein Wrack, sein Blick wirkt irre. Er steht im Zentrum des NS-Regimes – bis zu seinem Selbstmord. Die bedingungslose Kapitulation unterschreibt Generalfeldmarschall Wilhelm Keitel. Sie tritt am 8. Mai 1945 in Kraft. Bis zum 3. Oktober 1990, dem Tag der Deutschen Einheit, bleiben die Alliierten für Deutschland als Ganzes verantwortlich.
Fanatismus wie in diesem Buch kann man sich in Deutschland und in Europa nach mehr als sechzig Jahren Wohlstand und Frieden nicht mehr vorstellen, der Friedensnobelpreis für die Europäische Union würdigt diesen Fortschritt. Es ist nicht überall in der Welt so.
Wieso haben so viele Deutsche mitgemacht? Experten verweisen auf die Unzufriedenheit mit der Weimarer Republik, schnelles Wirtschaftswachstum unter den Nazis, auf Fanatismus und Pflichtgefühl, Anpassung und Opportunismus, den Glaube an die Propaganda, die Angst vor dem Bolschewismus oder sie denken an die normalen Befehlsempfänger, denen der Wechsel der Weltanschauung kein großes Problem bereitet. Haben alle mitgemacht, mussten alle mitmachen? Auf dem Foto unten rechts stehen lauter Nazis und ein Zivilist. Das ist mein Großvater. Wenn man auf Karriere und Privilegien verzichtete, konnte man ein anständiger Mensch bleiben. Mein anderer Großvater war bei einem Erschießungskommando. Es kommt darauf an, auf welche Seite man sich stellt.
                                                                                         Wieland Giebel, November 2012

Epilogue – Hitler is a wreck in this photograph (above), his expression is almost insane. He remains at the heart of the Nazi regime – until his suicide. Field marshal Wilhelm Keitel signs the unconditional surrender. It takes effect on 8th May 1945. The allies remain responsible for Germany until German Unification Day on 3rd October 1990.
After sixty years of prosperity and peace in Germany and Europe, fanaticism as shown in this book is not easy to imagine. The European Union received the Nobel Peace Prize in recognition of this. This is not the case all over the world.
Why did so many Germans take part? Experts refer to the discontent with the Weimar Republic, fast economic growth under National Socialism, to the fanaticism and sense of duty, conformity and opportunism, the belief in propaganda, fear of Bolshevism, or they are thinking about the subordinates to whom the change in ideology meant nothing. Did everyone take part, did everyone have to take part? In the photograph below on the right stand stand Nazis and a civilian. The civilian is my grandfather. One could remain a decent person, if one was willing to surrender one's career and privileges. My other grandfather belonged to a death squad. It all depends on one's priorities.
                                    Wieland Giebel, November 2012

Épilogue – Sur cette photo (en haut à gauche), Hitler est une loque humaine, il a le regard perdu. Il est au centre du régime nazi, jusqu'à son suicide. C'est le général feld-maréchal Wilhelm Keitel qui signe la capitulation inconditionnelle. Elle prend effet le 8 mai 1945. Jusqu'au 3 octobre 1990, le jour de l'Unité allemande, les alliés restent responsables de l'Allemagne toute entière.

En Allemagne et en Europe, après plus de soixante ans de prospérité et de paix, on ne peut plus s'imaginer le fanatisme décrit dans ce livre; le prix Nobel de la paix attribué à l'Union Européenne rend un hommage à ce progrès. Il n'en est pas partout ainsi dans le monde.

Pourquoi est-ce que tant d'Allemands ont participé à ce régime? Les experts font référence au mécontentement envers la République de Weimar, à la croissance économique sous le régime nazi, au fanatisme et au sens du devoir, au conformisme et à l'opportunisme, à la croyance en la propagande, à la peur du bolchevisme. Ils pensent aussi aux simples exécutants à qui le changement d'idéologie ne pose pas un gros problème. Ils y ont tous participé, devaient-ils tous y participer ? Sur la photo en bas à droite se tiennent de nombreux nazis et un civil. Ce dernier est mon grand-père. Quand on renonçait à une carrière et à des privilèges, on pouvait rester un homme honnête. Mon autre grand-père faisait partie d'un peloton d'exécution.

Tout dépend de quel côté on a choisi d'être.

Wieland Giebel, novembre 2012

Epílogo – Hitler è solo più un rottame umano, lo sguardo perso (in alto a sinistra). Sta al centro del regime fino al suicidio. La resa incondizionata è firmata l'8 maggio 1945 dal feldmaresciallo Wilhelm Keitel. Fino al 3 ottobre 1990, giorno della riunificazione tedesca, la Germania sarà sotto tutela degli Alleati.

In Germania e in Europa un fanatismo come quello illustrato in questo libro è, dopo oltre sessant'anni di pace e benessere, inimmaginabile. Il premio Nobel per la pace conferito all'Unione europea onora questo progresso. Non è così in altre parti del mondo.

Perché i tedeschi hanno sostenuto la dittatura in così grande numero? Gli esperti lo spiegano con l'insoddisfazione per la Repubblica di Weimar, i successi del nazismo in campo economico, fanatismo e senso del dovere, conformismo e opportunismo, gli inganni della propaganda, la paura del bolscevismo e i normali esecutori di ordini che non si lasciano disturbare da un cambio di ideologia. Sono stati tutti nazisti? Ne erano costretti? Nella foto in basso a destra c'é un cittadino circondato da nazisti. È mio nonno. Se si rinunciava a carriera e privilegi, c'era il modo di restare onesti. L'altro mio nonno ha fatto parte di un commando di esecuzione.

Dipende da che parte si sceglie di stare.

Wieland Giebel, novembre 2012

Epílogo – En esta foto (arriba izq.), Hitler está hecho un despojo. La mirada perdida. Hasta su suicidio, es el centro del régimen nacionalsocialista. La rendición incondicional, firmada por el mariscal de campo Wilhelm Keitel, entra en vigor el 8 de mayo de 1945. Hasta el 3 de octubre de 1990, Día de la Unidad Alemana, los Aliados son responsables de todo el país.

El fanatismo que documenta este libro es inimaginable hoy en Alemania o Europa, después de más de sesenta años de paz y bienestar. El Premio Nobel de la Paz concedido a la Unión Europea honra este progreso, que no se verifica en cualquier parte del mundo.

¿Por qué participaron tantos alemanes? Los expertos señalan el descontento con la República de Weimar, el rápido crecimiento económico bajo los nazis, el fanatismo, el sentido del deber, la asimilación, el oportunismo, el efecto de la propaganda, el temor al bolchevismo. O piensan en las personas normales que acatan órdenes, para quienes el cambio de ideología no es un conflicto. ¿Participaron todos? ¿Tenían que hacerlo? En la foto inferior (der.) se ven muchos nazis y un civil. Es mi abuelo. Quien renunciaba a hacer carrera y a los privilegios podía seguir siendo una persona decente. Mi otro abuelo perteneció a un escuadrón de la muerte.

Todo depende de qué lado se esté.

Wieland Giebel, noviembre de 2012

Berlin Story Verlag
Leuschnerdamm 7, 10999 Berlin

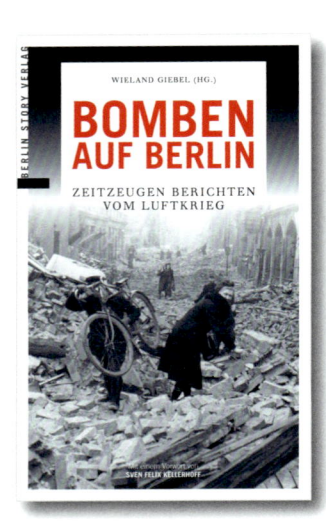

Wieland Giebel (Hg.)
BOMBEN AUF BERLIN
Berliner Schicksale im Luftkrieg
Mit einer Einleitung von Sven Felix Kellerhoff

ISBN 978-3-95723-071-3
200 Seiten, 12,5 x 20,5 cm, Broschur, **16,95 €**

Als der Krieg zurück kam nach Berlin, ängstigten sich Kinder und Frauen beim bedrohlichen Brummen anfliegender Bomber, kauerten in Kellern ausgebombter Häuser, halfen Verschütteten, löschten Brände, suchten ihre Familie.
50 Kriegskinder und Jugendliche, Mädchen und Jungen, berichten als Augenzeugen von den Bombennächten der brennenden Stadt. Mit sämtlichen Luftalarmen, einem Überblick zur Schlacht um Berlin, Berichten über die Opfer und die Zerstörungen an das Oberkommando der Wehrmacht.

Helmut Altner/Tony Le Tissier (Hg.)
TOTENTANZ BERLIN

ISBN 978-3-95723-043-0
384 Seiten, 12,5 x 20,5 cm, Gebunden, **19,95 €**

„Kämpfe weiter, bis Du die Kugel bekommst. Alles ist in sich zusammengestürzt. Du stehst mit leeren Händen da." Der 17-jährige Frontsoldat Helmut Altner schildert als Ich-Erzähler die letzten Tage des Zweiten Weltkriegs in Berlin. Er verabschiedet sich von seiner Mutter, wird erst an der Front im Oderbruch an einem Vormittag an der Waffe ausgebildet, nimmt an den schlimmsten Tagen des Kampfes um Berlin in Seelow und Friedersdorf gegen eine immense sowjetische Übermacht teil. Dann marschiert er zurück nach Spandau, kämpft sich am 29. April 1945 teils über Leichenberge durch U-Bahn-Tunnel ins Regierungsviertel durch. Später wird er in der Nähe von Brandenburg vom Russen gefangengenommen. Ein direkter, authentischer Bericht vom Schlacht-Feld Berlin, der wie kein anderer erklärt, wie es dazu kommen konnte, dass der Krieg der Deutschen bis zur letzten Minute mit solcher Inbrunst geführt wurde.

WWW.BERLINSTORY-VERLAG.DE

Berlin Story Verlag
Leuschnerdamm 7, 10999 Berlin

Wieland Giebel (Hg.)
DAS BRAUNE BERLIN
Adolf Hitlers „Kampf um die Reichshauptstadt"

ISBN 978-3-86368-064-0
368 Seiten, zahlr. Abb., Quellen und Dokumente
Mit einer Einleitung von Sven Felix Kellerhoff
12,5 x 20,5 cm, Gebunden, Schutzumschlag, **24,95 €**

Erstmals wird der Kampf der NSDAP um Berlin anhand von authentischem Quellenmaterial umfangreich und bis ins Detail geschildert. Die bisher zu wenig beachtete Geschichte der NSDAP in Berlin von 1916 bis 1936 steht im Mittelpunkt dieser Dokumentation. Durch intensive Recherchen konnten zahlreiche schwer zugängliche oder bisher unzugängliche zeitgenössische Quellen erschlossen werden. Jede Quelle wird historisch-kritisch direkt auf der jeweiligen Seite wissenschaftlich kommentiert und so für jeden Leser heute verständlich gemacht. Fehldeutungen der NS-Quellen sind damit ausgeschlossen.
Das Buch ist geeignet für alle, die Originalquellen kennenlernen und verstehen möchten.

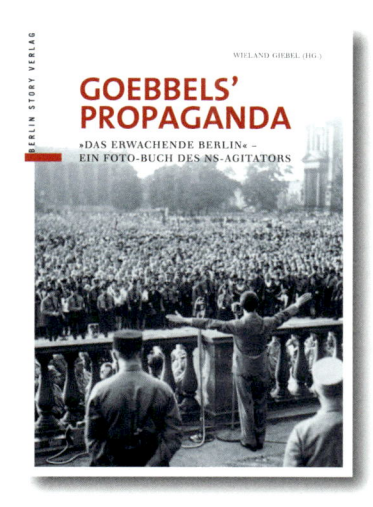

Wieland Giebel (Hg.)
GOEBBELS' PROPAGANDA
„Das erwachende Berlin" – Ein Fotobuch des NS-Agitators

ISBN 978-3-86368-071-8
176 Seiten, ca. 600 Abbildungen
17 x 24 cm, Broschur, **19,80 €**

Joseph Goebbels gab 1934 dieses Propagandabuch mit Fotokollagen aus mehr als 600 Bildern heraus – ein wichtiger Teil des ständigen Trommelfeuers nationalsozialistischer Propaganda.
Das Buch zeigt, wie SA und NSDAP den „jüdisch-bolschewistische Sumpf der verlorenen Hauptstadt Berlin trockenlegen", wie mit Terror, Totschlag und Propaganda der Kampf um die Macht geführt wird. Diese wissenschaftlich-kritisch kommentierte Ausgabe ist für jeden geeignet, der verstehen will, mit welch starker Überzeugungskraft die Nationalsozialisten auf einen erheblichen Teil der Bevölkerung einwirken konnten.

WWW.BERLINSTORY-VERLAG.DE

Berlin Story Verlag
Leuschnerdamm 7, 10999 Berlin

Harald Sandner
HITLER – DAS ITINERAR
Aufenthaltsorte und Reisen von 1889 bis 1945

ISBN 978-3-95723-095-9
2432 Seiten, 2211 Abbildungen
17 x 24 cm, Gebunden,
vier Bände im Schuber mit Daten-CD
499,00 €

Diese vier Bände beinhalten die weitgehend vollständige Chronologie der Aufenthaltsorte und Reisen des deutschen Diktators Adolf Hitler (1889-1945).

Die wesentlichen politischen, militärischen und persönlichen Ereignisse, die die Gründe für eine Reise Hitlers, einen Aufenthalt oder sogar den einfachen Tagesablauf erst nachvollziehbar werden lassen, sind direkt am jeweiligen Tag und – soweit überliefert – auch mit der Tageszeit in chronologischer Reihenfolge dargestellt. Exkurse über den Verbleib der Leiche Hitlers, seine Reisegewohnheiten, seine Wohnorte, die von ihm benutzten Verkehrsmittel sowie Statistiken über die Häufigkeit seiner Besuche und Aufenthalte in ausgewählten Städten und über die Bilanz des Zweiten Weltkrieges ergänzen das Werk.

Mit insgesamt 2211 Bildern (1494 historischen Aufnahmen und 717 Fotos aus der jüngeren Vergangenheit) – davon ca. drei Viertel bisher unveröffentlicht – wird das vorliegende Werk eindrucksvoll bebildert. Daten, Zahlen und Fakten aus der Vergangenheit werden in Beziehung gesetzt zu den noch existierenden Orten, so dass Geschichtswissen und neue Erkenntnisse nicht einfach historisches Material bleiben, sondern lebendig erscheinen.

Somit stellt dieses Itinerar als Beschreibung von Hitlers Lebensweg eine bisher unbekannte Sicht auf seine Biographie dar und ist in Form, Umfang und Detailtreue weltweit einmalig.

Pressestimmen

„Was klingt wie die Hitler-Tagebücher, ist diesmal nicht gefälscht ..."   Philip Artelt, Deutschlandradio Kultur

„Hitler. Das Itinerar" schließt als Nachschlagewerk für Wissenschaftler, Heimatforscher und Geschichtsinteressierte eine bedeutende Lücke in der Forschung über den Diktator."   Marc von Lüpke, SPIEGEL ONLINE

„Sandners Verdienst ist es, durch enorme Fleißarbeit regionale Anstöße zur Auseinandersetzung mit der NS-Geschichte und manche Impulse für die Hitler-Forschung zu geben ..."   Prof. Rainer Blasius, FAZ

„Das Itinerar ist hilfreich für die historische Arbeit, aber auch für Aspekte der politischen Aufklärung. Das Werk ist durch seine Genauigkeit unverzichtbar für die Forschung, auch und vor allem für die regionale."   Laurenz Demps, Historiker

„Das Buch ist eine sachliche, sich jeder Interpretation enthaltende Darstellung von Hitlers Leben - die umfassendste, die es gibt."   Stephanie Lahrtz, NZZ

„Das Itinerar ist für die Grundlagenforschung zum Holocaust von herausragender Bedeutung. Die systematische Dokumentation Tag für Tag bekräftigt das Wissen über Hitlers Rolle als treibende Kraft der organisierten Judenvernichtung in Europa."   Dr. rer. pol. David Th. Schiller, israelischer Politikwissenschaftler

„Mit dem Itinerar liegt, nach mehr als 80 verschiedenen seriösen Biografien, erstmals eine wirklich detaillierte Grundlage für die Beschreibung von Hitlers Leben vor. Zwar wird die Zeitgeschichte deshalb nicht umgeschrieben werden müssen, doch Sandners vierbändiges Werk gehört ohne Zweifel in jede Fachbibliothek weltweit."   Sven Felix Kellerhoff, DIE WELT

„Manche Stadt muss nun ihre Geschichte in der NS-Zeit umschreiben."   Olaf Przybilla, Süddeutsche Zeitung